MINISTÈRE DE LA GUERRE

ÉTAT-MAJOR DE L'ARMÉE

PROJET
DE
RÈGLEMENT GÉNÉRAL D'ÉDUCATION PHYSIQUE

QUATRIÈME PARTIE
ADAPTATIONS PROFESSIONNELLES

TITRE II
RÉÉDUCATION PHYSIQUE MILITAIRE

PARIS
IMPRIMERIE NATIONALE

1922

PROJET

DE

RÈGLEMENT GÉNÉRAL D'ÉDUCATION PHYSIQUE

MINISTÈRE DE LA GUERRE

ÉTAT-MAJOR DE L'ARMÉE

PROJET
DE
RÈGLEMENT GÉNÉRAL D'ÉDUCATION PHYSIQUE

QUATRIÈME PARTIE
ADAPTATIONS PROFESSIONNELLES

TITRE II
RÉÉDUCATION PHYSIQUE MILITAIRE

PARIS
IMPRIMERIE NATIONALE

1922

INTRODUCTION.

La lecture des rapports annuels du Service de recrutement de l'armée montre que, chaque année, l'armée subit de lourdes pertes en effectifs.

Ces pertes, absolues ou relatives, résultent des décisions prises par les Conseils de revision ou les Commissions spéciales de réforme, et consistent dans les exemptions, les ajournements, les réformes et le classement dans le service auxiliaire.

Avant la guerre, rien n'avait été fait pour récupérer les hommes éloignés de l'armée par les Conseils de revision ou les Commissions de réforme, dont les décisions restaient définitives.

Pendant la guerre, devant la fonte rapide des effectifs, le Parlement et le Gouvernement durent prendre des mesures énergiques. Des lois et des décrets prescrivirent la revision de la valeur physique de tous ceux qui, d'une classe mobilisée ou mobilisable, avaient été antérieurement éloignés de l'armée. Ces revisions firent rentrer dans les rangs des unités combattantes près de 700,000 hommes et classèrent dans le service auxiliaire près de 150,000 hommes, antérieurement écartés de l'armée.

Une bonne organisation de la rééducation, dès le temps de paix, permettra de ne pas éliminer de l'armée certains sujets dont l'état physique semblerait tout d'abord insuffisant.

Par la rééducation, ceux-ci se perfectionneront, se redresseront, en un mot, « se rééduqueront » et pourront aborder ensuite les exigences de la vie militaire comme tous les autres citoyens.

La rééducation physique n'est donc pas un vain mot. Elle est une nécessité à une époque où la défense nationale implique l'utilisation complète de tous les effectifs.

Les principes, les méthodes et les procédés d'enseignement de la rééducation physique doivent être connus des chefs militaires et des médecins.

---

(1) Le Titre Ier de la 4e Partie du *Projet de Règlement général d'Éducation physique* traite de « l'Éducation physique militaire ».

PROJET DE RÈGLEMENT GÉNÉRAL

D'ÉDUCATION PHYSIQUE.

QUATRIÈME PARTIE.

ADAPTATIONS PROFESSIONNELLES.

TITRE II.

RÉÉDUCATION PHYSIQUE MILITAIRE.

CHAPITRE I.

RÈGLES GÉNÉRALES.

La rééducation s'applique aux jeunes soldats physiquement anormaux, aux malades récemment guéris ou sortis de convalescence et aux anciens blessés présentant encore une gêne fonctionnelle à l'exclusion de toute impotence.

La méthode de rééducation, basée principalement sur l'éducation physique, a pour but de rétablir ces hommes dans leur vigueur physique et morale et de leur permettre de reprendre le plus tôt possible leur service dans les corps de troupe.

« Les rééducables » doivent être placés dans des conditions d'hygiène et de salubrité favorables. Pour les remettre rapidement en état, il leur faut du grand air, une nourriture suffisante, des heures régulières de sommeil, des distractions et de l'éducation physique.

Tout surmenage ou entraînement précipité doit être évité.

Classement.

Les hommes soumis à la rééducation sont classés en catégories :

Catégorie 1. — Hommes dont l'état nécessite un travail localisé ou différent selon chacun d'eux :

1° Ceux qui à la suite de blessures ou d'affections locales

(fractures anciennes, arthrites d'origines diverses, névrites, etc.) présentent un certain degré de gêne fonctionnelle, mais non d'impotence, les empêchant de participer temporairement à un entraînement militaire régulier, et susceptibles d'être améliorés par la méthode de rééducation ;

2° Ceux qui présentent des déformations (principalement des déviations du rachis) consécutives généralement à des attitudes vicieuses scolaires ou professionnelles, et accompagnées fréquemment d'insuffisance respiratoire uni ou bilatérale et cardiaque ;

3° Ceux dont l'état d'insuffisance de la musculature, de la nutrition (avec anémie, asthénie, obésité), ou des organes (poumons, cœur, appareil digestif), est très accentué et nécessite de grands ménagements et un travail approprié à chaque cas particulier.

Catégorie 2. — Hommes à l'état général précaire, malingres et jeunes soldats à développement retardé, hommes guéris d'affections générales (pyréxies, intoxications, etc.) ou locales, généralement pleuro-pulmonaires et présentant encore une anémie ou asthénie légères, une insuffisance ou des troubles de la respiration et de la circulation.

Catégorie 3. — Hommes pouvant être soumis à un entraînement progressif physique et militaire qui doit leur permettre de reprendre leur place dans les corps de troupe.

Les hommes, à leur arrivée au Centre, sont classés par le médecin, d'après ces directives, dans une des trois catégories, sans aucune épreuve physique initiale.

Visite de déclassement.

Le médecin passe à la fin de chaque période de trois semaines une visite de déclassement, destinée à acheminer les hommes, à quelque catégorie qu'ils appartiennent, vers la catégorie supérieure ou vers leur corps, s'ils sont devenus aptes.

En général, ceux des catégories 1 et 2 passent par la catégorie 3 avant de quitter le Centre ; un grand nombre d'hommes de la catégorie 1 doivent passer par la catégorie 2, avant d'être classés dans la catégorie 3.

Cette visite permet en outre de replacer certains hommes dans une catégorie inférieure et de renvoyer à leur corps pour être présentés devant une Commission de réforme, ceux qui, après observation suffisante, ne sont pas reconnus susceptibles de rééducation.

Épreuves physiques.

A titre d'indication utile et comme contrôle de la rééducation, les catégories 3 subissent, avec cette visite médicale, les épreuves physiques suivantes, réparties sur les derniers jours de la période de trois semaines, que comporte cette catégorie. Les épreuves doivent être individuelles et comprennent :

PREMIER JOUR.

Matin. — Marche : 15 à 16 kilomètres, en tenue de campagne (autant que possible).

DEUXIÈME JOUR.

Matin. — Lever d'un poids de 30 kilogrammes (barre à sphères ou gueuse), à deux mains, une seule fois. Le maintenir, bras tendu, jambes tendues, 4 secondes. Saut en hauteur avec élan (1 mètre).

Soir. — Course de 60 mètres en 10 secondes.

Lancement du poids de 5 kilogrammes (main droite et main gauche) à 5 mètres.

TROISIÈME JOUR.

Matin. — Un rétablissement au choix du soldat, à la barre fixe, suivi d'un grimper de 3 m. 50, aux cordes jumelles, avec l'aide des pieds.

Saut en longueur avec élan (3 m. 50).

Soir. — Course de 800 mètres en 3 min. 45 sec., derrière un moniteur qui ne doit pas être dépassé.

Les résultats sont communiqués par l'instructeur aux médecins qui doivent assister aux épreuves dans la mesure permise par les autres exigences du service.

Fiches individuelles de rééducation.
Mensurations.

Une fiche individuelle de rééducation est ouverte et tenue à jour par les médecins, pour tout militaire arrivant au Centre de rééducation (voir modèle à la dernière page). Cette fiche est destinée à suivre périodiquement les progrès de la rééducation, tant au point de vue de l'état physiologique général (poids, périmètre thoracique, capacité respiratoire au spiromètre) qu'à celui des atrophies musculaires locales (mensurations diverses et épreuves dynamométriques) ; elle permet également de noter le retour à l'aptitude militaire, en ce qui concerne la marche et le port de l'équipement.

La mesure du périmètre thoracique est prise au niveau de la base de l'appendice xyphoïde du sternum, à la fin de l'inspiration forcée et à la fin de l'expiration forcée. La différence entre les deux nombres donne l'élasticité thoracique.

La mesure du périmètre abdominal est prise au niveau de l'ombilic, l'homme étant au repos.

Le périmètre musculaire des bras est recherché au niveau le plus volumineux en faisant saillir le biceps par une flexion de l'avant-bras ; celui des avant-bras est pris à la partie supérieure la plus volumineuse en faisant fléchir la main en supination.

La mensuration des cuisses se prend à 15 centimètres du bord supérieur de la rotule, la jambe étant en extension sur la cuisse dans la position du garde à vous ; celle des jambes au niveau de leur plus grand développement.

La fiche de rééducation est à la disposition constante des instructeurs, qui doivent tenir compte exactement des observations particulières, successivement notées par le médecin.

Registre d'incorporation.

Chaque centre de rééducation doit conserver dans ses archives tous les renseignements concernant les militaires qui y ont été rééduqués.

Afin d'unifier ces documents, on utilise un registre qui est le registre d'incorporation des corps de troupe.

Voir à la fin du *Guide pratique* le modèle d'une case de ce registre.

CHAPITRE II.

IDÉES DIRECTRICES DE LA RÉÉDUCATION.

Généralités.

a) L'homme soumis à la rééducation, à quelque catégorie qu'il appartienne, est fatigué ; il a besoin de longs repos et de sommeil.

Un travail modéré et attrayant, une bonne alimentation contribueront à lui donner un état physique suffisant pour lui permettre de suivre l'entraînement militaire normal.

b) Le programme de la rééducation est établi par période de trois semaines pour chacune des catégories. Un homme arrivant en cours de progression dans les catégories 2 et 3 pourra rester dans la catégorie inférieure jusqu'au début de la prochaine progression de sa catégorie. L'homme classé dans la catégorie 1 pourra en suivre immédiatement les exercices.

c) Le tableau de rééducation de trois semaines pour la catégorie 3, est réglé de façon que le dernier jour tombe deux jours avant le renvoi au corps.

d) Deux demi-journées par semaine sont consacrées aux travaux de propreté, douches, raccommodage, revues diverses.

Exercices du programme journalier.

1° **Éducation physique :**

Pour la catégorie 1. — Leçons d'éducation physique pour très faibles dans les conditions exposées plus loin au chapitre IV, paragraphe C, avec série bras et série jambes, en intercalant des repos en marche lente avec des exercices respiratoires à volonté.

Pour la catégorie 2. — Leçon du Cycle secondaire, 1er degré, en y intercalant quatre exercices éducatifs pour trois applications. (*Règlement général d'Éducation physique* de 1920, 2e partie, p. 18 et 30.)

Pour la catégorie 3. — Leçon du Cycle secondaire, 1er degré. (Règlement précité, p. 19 et 30.)

2° **Restauration fonctionnelle :**

La restauration fonctionnelle concerne surtout la catégorie 1. Elle comprend :

a) Des mouvements spéciaux de rééducation individuelle appropriés à chaque cas particulier et exécutés chaque jour au cours de la séance;

b) Des mouvements à des appareils simples, faciles à construire, constituant une mécanothérapie active qui met sans cesse en jeu la volonté, facteur essentiel de la rééducation.

3° **Marche :**

Catégorie 1. — Promenades de 2 à 5 kilomètres, entrecoupées de jeux.

Catégorie 2. — Marches de 5 à 8 kilomètres. Port du fusil et de l'équipement. Sans sac.

Catégorie 3. — Marches de 10 à 16 kilomètres avec chargement progressif du sac, armes et équipement.

4° **Jeux :**

Des séances journalières de jeux (45 min. au maximum) doivent être placées dans la progression des catégories, afin de donner au travail le plus d'attrait possible.

5° **Instruction militaire pratique :**

L'entraînement physique et la rééducation ne doivent jamais exclure l'instruction militaire, théorique, pratique et morale.

Les hommes en rééducation reçoivent tout d'abord une solide instruction des classes à pied et doivent acquérir une discipline parfaite du rang.

Le programme établi conformément aux prescriptions du *Règlement provisoire de manœuvre d'infanterie* du 1er février 1920, comprend :

Pour les hommes de la catégorie 1. — L'école du soldat, moins les chapitres intitulés : le fusil-mitrailleur, la grenade, la baïonnette, le masque, la mitrailleuse.

Pour ceux de la catégorie 2. — Comme pour ceux de la catégorie 1, plus la grenade, le fusil-mitrailleur (l'instruction avec cette arme ayant lieu sur place et non en déplacement avec chargement et port) ; l'école de groupe et l'école de section.

Pour ceux de la catégorie 3. — Comme pour ceux de la catégorie 2, plus la baïonnette, le masque (exercices d'ajustage et de mise rapide, à l'exclusion de tout entraînement au port du masque et des passages dans la chambre à gaz) ; la mitrailleuse, l'exécution de tirs réels, au fusil, au fusil-mitrailleur, à la mitrailleuse et le lancement de grenades réelles.

6° **Instruction théorique, commune aux trois catégories :**

a) Théorie technique sur le tir, le service intérieur, le service en campagne, le service de place.

b) Théorie morale. L'éducation morale présente pour les compagnies de rééducation une importance encore plus grande que pour les autres unités. Le Commandant de la compagnie est, en principe, l'éducateur le plus qualifié ; il s'inspire des règles données au Chapitre V de l'Instruction n° 9421-11/11, du 3 décembre 1920 (*B. O., E. C.*, n° 51, du 26 décembre 1920).

Nota. — Indépendamment de cette instruction, les rééducables doivent, en principe, être mis en état de pouvoir suivre, dès leur rentrée au corps, non seulement les séances d'entraînement physique, mais aussi les diverses séances d'instruction technique particulière à leur arme.

A cet effet, il peut être organisé dans les Centres des groupes d'instruction spéciaux à chaque arme, lorsque l'effectif des hommes appartenant à ces armes justifie cette mesure.

Dans le choix des moniteurs du cadre mobile la préférence devra alors se porter sur des gradés et sur des hommes qualifiés à la fois pour le service proprement dit de la rééducation, et pour l'enseignement en vue d'une arme particulière.

Il peut aussi être organisé, sur l'ordre des commandants de Corps d'armée, des cours de transmission, des pelotons de futurs gradés, des cours d'illettrés, etc., autant que le permettent les circonstances et les ressources en matériel des Corps d'armée.

Enfin, lorsque le Centre est placé dans une garnison comportant des unités de diverses armes, les rééducables appartenant à ces armes peuvent assister à des séances spéciales d'instruction organisées à leur intention, à condition qu'il n'en résulte aucune gêne dans la marche de leur rééducation proprement dite.

7° **Travaux divers :**

Ils comprennent principalement du jardinage, constituant un exercice physique excellent, intéressant l'homme par les résultats obtenus et améliorant, en outre, son alimentation.

Les divers travaux, qui comprennent également ceux de propreté, ne sont exécutés qu'aux heures fixées par le tableau d'emploi du temps.

Le service de garde n'est assuré que pour le Centre proprement dit; il est réduit le plus possible.

Observation. — Les hommes en rééducation, notamment ceux de la catégorie 1, peuvent être dispensés par le médecin d'une partie des exercices de leur catégorie. D'autre part, les hommes d'une catégorie peuvent participer à certains exercices d'une autre catégorie (par exemple, les hommes des catégories 2 et 3 aux exercices de restauration fonctionnelle), suivant les indications du médecin.

Choix des instructeurs.

La rééducation physique exige un soin tout particulier. L'instructeur n'obtiendra de résultats convenables que s'il est tout à fait confirmé en matière d'éducation physique.

Le personnel du cadre fixe (officiers instructeurs, médecins et gradés moniteurs), commun au service de l'instruction physique et à celui de la rééducation, devra avoir suivi les cours de l'École normale de gymnastique et d'escrime de Joinville-le-Pont où fonctionne une section de rééducation physique.

La catégorie 1 sera confiée au meilleur instructeur.

CHAPITRE III.

TYPE D'EMPLOI DU TEMPS PAR CATÉGORIE.

(DONNÉ À TITRE DE SIMPLE INDICATION.)

Nota. — Un repos de 10 à 15 minutes doit toujours être intercalé entre chaque série d'exercices.

L'emploi du temps est établi en tenant compte des saisons et des climats.

CATÉGORIE 1.

(En principe 4 heures 1/2 de travail par jour.)

MATIN.	SOIR.
Lundi.	
Leçon d'éducation physique spéciale, 3/4 d'heure. Jeux, 3/4 d heure. Travaux divers, 3/4 d'heure.	Restauration fonctionnelle, 1 heure. Travail effectif, 1/2 heure. Théorie morale ou technique ou chants, 1/2 heure. Instruction militaire, 3/4 d'heure.
Mardi.	
Comme le lundi.	Comme le lundi.
Mercredi.	
Promenade de 2 à 3 kilomètres interrompue par des jeux.	Travaux divers, 3/4 d'heure. Travaux de propreté, de couture et d'entretien. Douches. Revue d'effets
Jeudi.	
Comme le lundi.	Comme le lundi.
Vendredi.	
Comme le lundi.	Comme le lundi.
Samedi.	
Promenade de 2 à 5 kilomètres interrompue par des jeux.	Travaux divers, 3/4 d'heure. Travaux de propreté. Revue.

Nota. — L'emploi du temps est le même pour les trois semaines de la progression.

CATÉGORIE 2.

(En principe 5 heures par jour.)

Première semaine.

MATIN.	SOIR.
Lundi.	
Leçon d'éducation physique, 3/4 d'heure. Grands jeux, 3/4 d'heure. Travaux divers, 1 heure.	Théorie morale ou technique ou chants, 1/2 heure. Restauration fonctionnelle ou grands jeux, 1 heure. Instruction militaire pratique, 1 heure.

MATIN.	SOIR.
Mardi.	
Leçon d'éducation physique, 3/4 d'heure. Instruction militaire pratique, 1 heure. Grands jeux, 3/4 d'heure.	Théorie morale ou technique ou chants, 1/2 heure. Restauration fonctionnelle ou grands jeux, 1 heure. Travaux divers, 1 heure.
Mercredi.	
Marche de 5 à 6 kilomètres.	Travaux divers, 3/4 d'heure. Travaux de propreté, de couture et d'entretien. Douches. Revue d'effets.
Jeudi.	
Comme le lundi.	Comme le lundi.
Vendredi.	
Comme le mardi.	Comme le mardi.
Samedi.	
Marche de 5 à 6 kilomètres.	Travaux divers, 3/4 d'heure. Travaux de propreté, de couture et d'entretien. Revue.

Deuxième semaine

Même emploi du temps avec deux marches de 6 à 7 kilomètres.

Troisième semaine.

Même emploi du temps avec deux marches de 7 à 8 kilomètres.

Observations. — 1° La leçon de la catégorie 2 progressera en intensité pendant les trois semaines.

2° Les arrivants au cours de la deuxième semaine de la progression suivront le programme de la catégorie 1 jusqu'à la semaine suivante.

CATÉGORIE 3.

(En principe 5 heures 1/2 de travail par jour.)

Première semaine.

Lundi.

MATIN.	SOIR.
Leçon d'éducation physique, 3/4 d'heure. Instruction militaire pratique, 1 heure. Grands jeux, 3/4 d'heure.	Théorie morale ou technique, 1/2 heure. Instruction militaire pratique, 3/4 d'heure. Grands jeux, 3/4 d'heure. Travaux divers, 1 heure.

Mardi.

MATIN.	SOIR.
Comme le lundi.	Comme le lundi.

Mercredi.

MATIN.	SOIR.
Marche de 10 à 12 kilomètres.	Travaux divers, 3/4 d'heure. Travaux de propreté, de couture et d'entretien. Douches. Revue d'effets.

Jeudi.

MATIN.	SOIR.
Comme le lundi.	Comme le lundi.

Vendredi.

MATIN.	SOIR.
Comme le lundi.	Comme le lundi.

Samedi.

MATIN.	SOIR.
Marche de 12 à 14 kilomètres.	Travaux divers, 3/4 d'heure. Travaux de propreté, de couture et d'entretien. Revue.

Deuxième semaine.

Même emploi du temps que la première semaine, mais avec deux marches de 14 à 16 kilomètres. La leçon d'éducation physique croît en intensité pendant cette semaine.

MATIN.	SOIR.

Troisième semaine.

Lundi.

MATIN.	SOIR.
Épreuves physiques. Lever. Saut en hauteur (élan). Mensurations préparatoires à la visite de déclassement.	Course de 60 mètres. Lancement du poids. Mensurations préparatoires.

Mardi.

MATIN.	SOIR.
Grimper. Saut en longueur (élan). Mensurations préparatoires.	Course de 800 mètres. Visite de déclassement.

Mercredi.

MATIN.	SOIR.
Visite de déclassement. Grands jeux.	Travaux de propreté, de couture et d'entretien. Douches. Revue d'effets.

Jeudi.

MATIN.	SOIR.
1° Pour les hommes restants : comme le lundi de la première semaine. 2° Pour les hommes partants : préparatifs de départ.	1° Pour les hommes restants comme le lundi de la première semaine. 2° Pour les hommes partants : revues.

Vendredi.

MATIN.	SOIR.
Comme le lundi de la première semaine.	Comme le lundi de la première semaine.

Samedi.

MATIN.	SOIR.
Marche de 10 kilomètres.	Comme le samedi de la première semaine.

Observation. — Les hommes arrivant au cours de la deuxième semaine ou de la troisième semaine de la progression suivront le programme de la catégorie 2 jusqu'au début de la première semaine de la progression.

CHAPITRE IV.

ÉDUCATION PHYSIQUE.

A. — Exercices physiques de la catégorie 3.

1° Éducation physique proprement dite. — Voir le *Projet de Règlement général d'éducation physique*, 2e partie, 1er degré.

2° Grands jeux et jeux sportifs. — Voir le *Règlement* précité. Exclure la pratique du foot-ball association et rugby.

B. — Exercices physiques de la catégorie 2.

1° Éducation physique proprement dite. — Voir le *Projet de Règlement* précité. Introduire dans les leçons quatre exercices éducatifs pour trois applications.

2° Grand jeux. — Les barres, le drapeau, la balle au camp, la grande thèque, le volley-ball, le basket-ball (*Règlement*, 2e partie).

C. — Exercices physiques de la catégorie 1.

1° Éducation physique spéciale.

2° Jeux. — Barres, drapeau, balle au camp, grande thèque, volley-ball.

Éducation physique spéciale à la catégorie 1.

a) **But :**

Cette leçon d'éducation physique est destinée aux hommes de la catégorie 1, auxquels les exercices de la 2e partie du *Projet de Règlement général d'éducation physique* ne peuvent être appliqués, en raison de leur état physique particulier. Elle a pour but de compléter les exercices aux appareils spéciaux visant à la restauration fonctionnelle, tout en préparant déjà aux épreuves ordinaires du soldat. Elle permet, en outre, d'assurer ou de maintenir un certain entraînement général, par la remise en état des fonctions respiratoires et par des exercices ou jeux réglés, s'adressant tout à la fois au moral et au développement physique général.

b) **Moyens d'exécution et de contrôle :**

La leçon est journalière et dure de 30 à 45 minutes avec les temps de repos.

La leçon comprend :

1° Une mise en train ;

2° Une leçon proprement dite, comprenant des exercices ou jeux réglés, appropriés à l'état des hommes. Ces exercices et jeux sont répartis dans les sept familles d'exercices (marcher, grimper, sauter, lever-porter, courir, lancer, attaque et défense), en observant l'alternance des exercices bras et des exercices jambes ;

3° Des exercices d'ordre et de retour au calme.

Dans le cours de la leçon, des exercices respiratoires doivent être judicieusement placés.

On devra veiller à ce que tous les exercices soient exécutés en bonne attitude.

Ils ont lieu en plein air ou sous un hangar bien aéré, non poussiéreux. La tenue est celle indiquée au *Projet de Règlement général d'éducation physique.* La mise à nu des membres et du torse ne sera prescrite qu'après avis du médecin et seulement pour les sujets qui, malgré blessure ou impotence fonctionnelle, jouissent d'un état général de santé satisfaisant. Par les temps froids ou de pluie, la veste sera portée à défaut du maillot épais de laine avec manches et le pantalon de treillis remplacera la culotte de sport.

L'instructeur de la catégorie 1 sera celui qui dirige les exercices aux appareils. Il devra être particulièrement confirmé dans son rôle.

Composition d'une leçon. — L'instructeur s'inspirera, pour le choix des mouvements, de la nature des récupérations fonctionnelles, en constituant au besoin deux séries relatives au développement des bras et des jambes.

1° La mise en train sera exécutée différemment dans la série bras et dans la série jambes (voir l'exemple de leçon indiqué plus loin). Elle comprendra dans les deux cas des exercices d'assouplissement de bras, jambes, tronc, un assouplissement combiné ou dyssymétrique et un assouplissement de la cage thoracique. Pour la série bras seulement, la mise en train débutera par des exercices de marche.

2° La leçon proprement dite comprendra, en principe, un exercice éducatif par famille (marcher, grimper, etc.) et un petit jeu dans chaque famille, tendant à développer la partie du corps plus particulièrement insuffisante, soit :

Pour la série bras, un exercice éducatif dans chaque famille et un petit jeu en plus dans le grimper, le porter, le lancer ;

Pour la série jambes, un exercice éducatif dans chaque famille et un petit jeu en plus dans le marcher, le sauter, le courir ;

Dans les deux séries, l'exercice éducatif de l'attaque et de la défense peut être remplacé par un petit jeu.

3° Le retour au calme comprendra, pour les deux séries une marche lente avec exercices respiratoires et pour la série bras, une marche au pas cadencé ou avec chants.

Pour composer une leçon, prendre dans le tableau des éléments ci-après les exercices de chaque sorte.

Au début, les leçons se feront sous forme de séances d'étude avec mise en train, étude des éléments et retour au calme.

c) **Tableau d'éléments pour la leçon de la catégorie 1.**
Exercices respiratoires :

A. — **Mise en train :**

1° *Évolutions.*

Marche en ligne, en colonne, en cercles, former les cercles intérieur et extérieur, l'étoile, les ailes de moulin, à cadences différentes et à distances variables.

2° *Assouplissement des bras.*

Flexion des avant-bras.

Élévation horizontale des bras tendus.

Le même avec flexion et extension de la main.

Élévation verticale des bras tendus.

Le même avec flexion et extension de la main.

Élévation latérale des bras et flexion des avant-bras dans un plan horizontal.

Le même avec flexion des avant-bras dans un plan vertical.

Circumduction des bras fléchis, les mains passant devant le corps, puis à toutes les hauteurs.

3° *Assouplissement des jambes.*

Élévation avant du genou avec flexion et extension du pied, puis extension de la jambe arrière.

Élévation arrière et flexion de la jambe.

Élévation du genou et extension de la jambe (exécuter le mouvement alternativement de chaque jambe).

Balancement avant, arrière, latéral de la jambe avec appui.

Élévation sur la pointe des pieds, flexion et extension des jambes, genoux écartés.

Station écartée, flexion alternative des jambes.

4° *Assouplissement du tronc.*

Sur le dos, élévation d'une jambe avec flexion et extension du pied.

Sur le dos, élévation des genoux, extension des jambes avec flexion et extension du pied.

Sur le dos, élévation alternative des jambes avec flexion et extension du pied.

Assis, jambes écartées, 1° rotation; 2° flexion et extension du tronc (au besoin les hommes du 1er rang tiennent les pieds de ceux du 2e rang).

Flexion et extension du tronc : en avant et en arrière.

Flexion et extension latérales du tronc.

5° *Mouvements combinés.*

Élévation avant des bras avec fente avant.

Le même avec flexion et extension de la main.

Élévation latérale des bras avec fente latérale.

Le même avec flexion et extension de la main.

Fente avant avec élévation verticale du bras opposé à la jambe avant.

Le même des deux bras.

Fente arrière avec élévation du bras opposé à la jambe arrière.

Fente arrière avec élévation verticale des deux bras.

6° *Mouvements dyssymétriques.*

Simultanément : élévation horizontale d'un bras, latérale de l'autre.

Simultanément : élévation latérale d'un bras, verticale de l'autre.

En marchant; simultanément, élévation horizontale d'un bras, latérale de l'autre.

En marchant; simultanément : élévation latérale d'un bras, verticale de l'autre.

Flexion des avant-bras, élévation verticale des bras avec un temps de retard.

Le même en marchant.

7° *Assouplissement de la cage thoracique.*

Avec circumduction des épaules.

Avec élévation des bras fléchis.

Avec élévation des bras tendus.

Avec flexion et extension du tronc, la fin de l'inspiration ayant lieu sur la pointe des pieds.

B. — Leçon proprement dite.

1° Marcher.

Marcher sur la pointe des pieds.
Marche en avant, en arrière.
Marche de côté.
Marche oblique.
Marche avec élévation du genou.
Marche sur les talons.
Marche allongée.
Marche en extension.
Marche à quatre pattes.
Marche avec demi-flexion des jambes.

Jeux. — Le mille-pattes. Serpentine à tête remplacée. La chaîne enroulée.

2° Grimper. — Suspensions.

Barre à hauteur de ceinture, suspension inclinée, pieds au sol, bras allongés, bras fléchis.

Suspension inclinée, élever le genou, étendre la jambe.

Suspension inclinée, élever la jambe tendue.

Mêmes suspensions et mouvements en diminuant la hauteur de la barre.

Sauter à la suspension allongée à une ou deux barres; à terre, et exécuter le mouvement plusieurs fois.

Suspension allongée à une ou deux barres, élévation du genou.

Suspension allongée (une barre), translation latérale.

Appuis.

Appui au mur, flexion des bras.

Barre ou poutre à hauteur de ceinture, sauter à l'appui tendu (plusieurs fois).

Poutre à faible hauteur, progression à cheval, en avant, en arrière.

Se tenir en équilibre sur la poutre, sur une jambe (gauche, droite).

S'asseoir sur la poutre, se mettre à cheval et debout.

Sur la poutre, marcher debout, en avant, sur le côté, en arrière, se tenir sur une jambe, faire demi-tour.

Jeux. — La roue. Les rameurs. Le chat suspendu. La brouette.

3° *Sauter.*

Élévation d'une jambe en avant avec demi-flexion de l'autre (au besoin avec appui).

Sautillements sur place, jambes tendues.

Sautillements sur place avec écartement latéral des jambes.

Sautillements sur place avec écartement latéral des bras et des jambes (en deux temps).

Sauts sur place avec élévation des genoux.

Sautillements en avant et en arrière.

Sautillements latéraux.

Sauts avec extension du tronc, les bras s'élevant verticalement.

Balancement des bras avec flexion coordonnée des jambes.

Le même avec impulsion, avec circumduction des bras.

Flexion des jambes avec élévation des bras (chute).

Sauts sans élan, longueur et hauteur (sans compétition.)

Plusieurs pas d'élan et sauter en longueur (sans compétition).

Même mouvement et sauter en hauteur, de face et de côté (sans compétition).

Nota. — Au cours de ces divers exercices, s'il y a lieu, l'appel est fait d'abord sur un pied, puis sur l'autre.

Jeux. — Le cloche-pied. Les sauts à la corde. Pigeon-vole, modifié avec sauts. Le pas de géant par bonds de longueur variable. Les jarcotons.

4° *Lever et porter.*

Les exécutants sont placés sur deux rangs, l'un derrière l'autre, en station avant du même côté; les bras des hommes du premier rang pendant naturellement les poings fermés; les mains de ceux du deuxième rang enserrent les poignets de ceux du premier.

a) Les hommes du premier rang font effort pour élever les bras latéralement, ceux du deuxième résistent.

b) Les hommes du deuxième rang font effort pour abaisser les bras des hommes du premier qui résistent.

c et *d*) Inverser les deux rangs et répéter les mouvements *a* et *b*.

Les exécutants sont placés sur deux rangs, l'un derrière l'autre, en station avant du même côté. Les hommes du premier rang ont les bras fléchis, paumes en dessus, coudes en bas, épaules en arrière; les hommes du deuxième rang placent leurs mains paumes en dessous sur les mains des hommes du premier rang.

a) Les hommes du premier rang font effort pour étendre les bras verticalement et en arrière de la tête; ceux du deuxième résistent.

b) Les hommes du deuxième rang font effort pour abaisser les bras de ceux du premier qui résistent.

c et *d*) Inverser les deux rangs et répéter les mouvements *a* et *b*.

Station écartée, flexion et extension complète du tronc en élevant les bras latéralement.

Station écartée, bras tendus latéralement, porter la main le plus bas possible vers le mollet.

Rotation du tronc en élevant les bras latéralement.

Flexion puis extension complètes du tronc avec circumduction des bras.

Assis, pieds fixés au sol, extension et flexion du tronc, avec bras latéraux puis verticaux.

Gestes de l'épaulé, du jeté, de l'arraché, de l'épaulé-développé, de la volée, avec des poids variant de 2 à 10 kilogrammes au maximum.

Jeux. — Le passe-ballon debout par extension (en arrière). Le passe-ballon entre les jambes. Le passe-ballon par flexion latérale (gauche, droite). Les mêmes mouvements avec le médecin-ball. La chaise à porteur. La cruche.

5° *Courir.*

Sautillement d'une jambe sur l'autre avec élévation du genou.

Élévation rapide du genou près de l'épaule et extension complète de la jambe avant.

Évolutions en courant, en avant, en arrière, latéralement, avec élévation des genoux.

Courir, s'arrêter et repartir.

Étude de la foulée sur place.

Étude de la foulée en marchant.

Étude de la foulée en courant.

Jeux. — Frapper Guillaume. Le chat et la souris. Les petits paquets. L'épervier. L'anguille. Pile ou face. La navette. Le va-et-vient. Le relais. Le loup et l'agneau. La main chaude.

6° *Lancer.*

Station demi-écartée, circumduction alternative des bras d'avant en arrière et d'arrière en avant.

Station demi-écartée, circumduction simultanée des bras d'avant en arrière et d'arrière en avant.

Station écartée, rotation du tronc en élevant les bras latéralement.

Même exercice en combinant la flexion et la rotation du tronc.

Fente avant, mouvement des bras étendus dans un plan horizontal et rotation du tronc.

Geste de lancer la balle, bras fléchi.

Geste de lancer la balle, bras tendu.

Mêmes gestes avec la grenade (debout, à genou, couché Distance, vitesse, précision.

Jonglage à une ou deux balles.

Jonglage seul avec un poids (avec flexion des bras et des jambes).

Jonglage à deux dans les mêmes conditions.

Jonglage seul avec flexion et extension du tronc. Le même à deux.

Jeux. — Les boules. Les palets. Les fléchettes. Le massacre. La balle au terrain. La balle au pot. La balle au mur. Le va-et-vient à la balle (compétition par files).

7° *Attaque et défense.*

Les exécutants sont assis face à face sur le sol, les bras étendus en arrière, s'appuyant sur la paume des mains. Les jambes étendues et jointes des hommes du premier rang sont serrées fortement par les jambes des hommes du second rang.

a) Les hommes du premier rang font effort pour écarter les jambes; ceux du second rang résistent.

b) Les hommes du second rang font effort pour rassembler les jambes; ceux du premier rang résistent.

c et *d*) Inverser les deux rangs et répéter les mouvements *a* et *b*.

Les exécutants sont placés sur deux rangs l'un derrière l'autre en station avant du même côté, le corps droit, les bras pendant naturellement, les poings fermés, doigts en avant; les hommes du second rang enserrent les poings des hommes du premier rang, le dos de la main en avant.

a) Les hommes du premier rang font effort pour fléchir les avant bras sur les bras, ceux du second rang résistent.

b) Les hommes du second rang font effort pour étendre progressivement les bras de ceux du premier rang qui résistent.

c et *d*) Inverser les deux rangs et répéter les mouvements *a* et *b*.

Les exécutants sont placés sur deux rangs, l'un derrière l'autre, en station avant du même côté. Les hommes du premier rang ont les bras pendant naturellement, les poings fermés, doigts en avant, ceux du second rang prennent à pleines mains les poignets de ceux du premier rang.

a) Les hommes du premier rang font effort pour écarter les bras obliquement et en arrière, ceux du second rang résistent.

b) Les hommes du second rang font effort pour rapprocher les bras des hommes du premier rang qui résistent.

c et *d*) Inverser les deux rangs et exécuter les mouvements *a* et *b*.

Lutte d'épaules (répulsion).
Lutte dos à dos (répulsion).
Lutte d'opposition deux à deux, bras étendus.
Lutte des doigts (traction).
Lutte de poignets (traction).
Pousser par derrière un camarade qui résiste.
Étude de boxe anglo-française.

Jeux. — Les deux camps. Les prisonniers. Les chandelles empoisonnées. Lutte à la corde, par deux. Lutte de répulsion au bâton, par deux.

C. — Exercice d'ordre et de retour au calme :

Marche lente avec exercices respiratoires.
Marche en chantant ou en sifflant.
Évolutions.
Chants de pied ferme pour la série jambes.

Exercices respiratoires.

Exécuter des exercices respiratoires chaque fois que le besoin s'en fait sentir.

Trois ou quatre respirations successives, profondes, à la cadence normale, sont suffisantes à l'acte respiratoire.

Elles doivent être faites autant que possible par le nez, surtout pour l'inspiration; la durée du mouvement expiratoire sera plus longue que celle du mouvement inspiratoire.

Les mouvements seront ainsi exécutés : pour l'inspiration, rejeter les épaules en arrière, les avant-bras demi-fléchis sur les bras et soulever la cage thoracique; pour l'expiration, ramener les épaules dans l'axe transversal du corps, étendre les avant-bras et fléchir le thorax.

Exemple de leçon spéciale à la catégorie 1.

	DÉSIGNATION.	SÉRIE BRAS.	SÉRIE JAMBES.
Mise en train.	Évolutions	Marche au pas cadencé. Marche avec chants.	Former les cercles intérieurs et extérieurs.
	Assoup. de bras.	Élévation latérale des bras et flexion des avant-bras dans un plan horizontal.	Élévation latérale des bras et flexion des avant-bras dans un plan horizontal.
	Assoup. de jambes.	Balancement avant, arrière, latéral de la jambe.	Balancement avant, arrière, latéral de la jambe.
	Assoup. de tronc.	Assis, rotation du tronc.	Assis, rotation du tronc.
	Assoup. combiné.	Fente arrière, élévation verticale des bras.	Fente arrière, élévation verticale des bras.
	Assoup. de la cage thoracique.	Flexion et extension du tronc, l'inspiration se terminant sur la pointe des pieds.	Flexion et extension du tronc, l'inspiration se terminant sur la pointe des pieds.
Leçon proprement dite.	Marcher	Marche avec élévation du genou.	Marche avec élévation du genou. *Jeux : Le mille-pattes.*
	Grimper	Suspension inclinée, élever la jambe tendue. *Jeux : Les rameurs.*	Suspension inclinée, élever la jambe tendue.
	Sauter	Sautillements sur place avec écartement des bras et des jambes.	Sautillements sur place avec écartement des bras et des jambes. *Jeux : Le coupe-jarret en colonne.*
	Lever et porter.	Exercice n° 1, page 12[1]. *Jeux : Médecin-Ball.*	Exercice n° 1, page 12[1].
	Courir	Sautillements d'une jambe sur l'autre avec élévation du genou.	Sautillements d'une jambe sur l'autre avec élévation du genou. *Jeux : L'épervier.*
	Lancer	Station demi-écartée, rotation du tronc avec élévation latérale des bras. *Jeux : Le va-et-vient à la balle.*	Station demi-écartée, rotation du tronc avec élévation latérale des bras.
	Attaque et défense.	Lutte d'épaules (répulsion).	Mouvement n° 1, page 12[3].
	Retour au calme	Marche avec exercices respiratoires. Marche avec chants.	Marche avec exercices respiratoires. Chants de pied ferme.

CHAPITRE V.

RESTAURATION FONCTIONNELLE.

A. — Mouvements spéciaux de rééducation individuelle.

1° Mouvements du membre supérieur (muscles et articulations.)

EXERCICE 1.

Position. 1er temps. 2e temps. 3e temps. 4e temps.

Position. — Jambes jointes et tendues, corps droit, le bras fortement tendu vers le sol, la paume sur la face extérieure de la cuisse.

Exécution. — 4 temps. — *1er temps :* lever le bras en avant à la hauteur de l'épaule. — *2e temps :* sans déplacer le coude, fléchir l'avant-bras sur le bras, dans le plan horizontal. — *3e temps :* étendre en insistant l'avant-bras sur le bras. — *4e temps :* revenir à la position initiale.

EXERCICE 2.

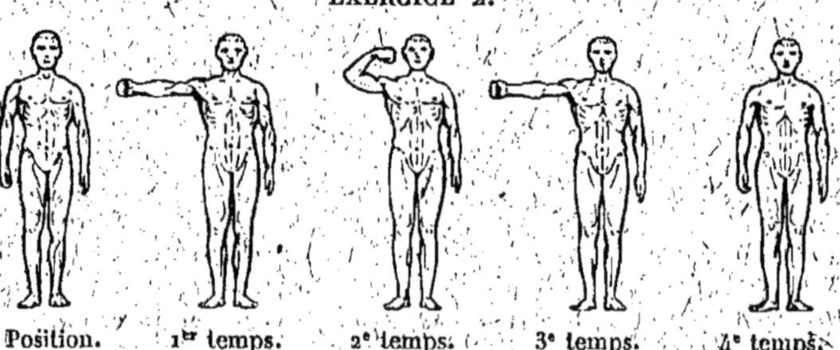

Position. 1er temps. 2e temps. 3e temps. 4e temps.

Position. — Jambes jointes et tendues, corps droit, bras tendus vers le sol, paume sur la face externe des cuisses.

Exécution. — 4 temps. — *1er temps :* lever latéralement le bras à hauteur de l'épaule en tournant la paume en dessus. — *2e temps :* sans déplacer le coude, fléchir l'avant-bras sur le bras. — *3e temps :* étendre en insistant l'avant-bras sur le bras. — *4e temps :* abaisser le bras, revenir à la position.

EXERCICE 3.

Position. 1er temps. 2e temps. 3e temps. 4e temps.

Position. — Garde à vous.

Exécution. — 4 temps. — *1er temps :* lever le bras le plus haut possible en arrière en fléchissant le tronc en avant. — *2e temps :* sans abaisser le coude, fléchir l'avant-bras sur le bras. — *3e temps :* sans abaisser le coude, étendre l'avant-bras sur le bras. — *4e temps :* revenir à la position initiale.

EXERCICE 4.

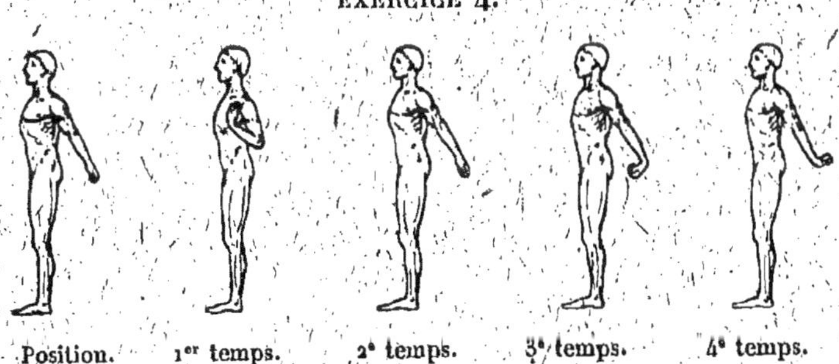

Position. 1er temps. 2e temps. 3e temps. 4e temps.

Position. — Jambes droites et tendues, corps droit, bras tendus en arrière, paumes en avant, omoplates rapprochées.

Exécution. — 4 temps. — *1er temps :* sans déplacer les coudes, fléchir l'avant-bras sur le bras. — *2e temps :* étendre l'avant-bras sur le bras en insistant avec force, le coude immobilisé. — *3e temps :* sans déplacer l'avant-bras, fléchir le poignet, le remonter en avant. — *4e temps :* revenir à la position, en étendant le plus possible le poignet, le remonter en arrière.

EXERCICE 5.

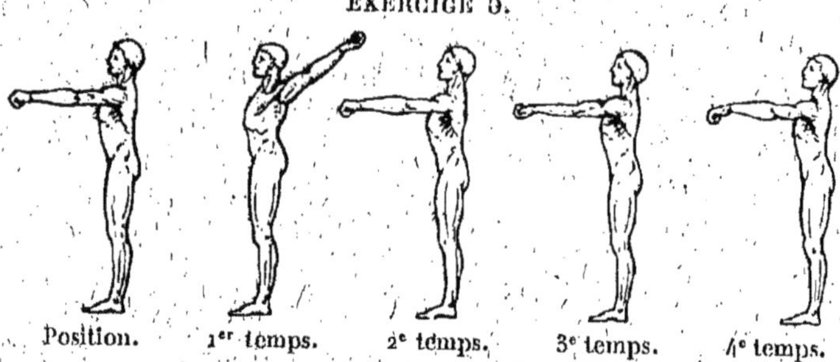
Position. 1er temps. 2e temps. 3e temps. 4e temps.

Position. — Les jambes jointes et tendues, le corps droit, le bras levé en avant à hauteur de l'épaule, la paume tournée vers le sol.

Exécution. — 4 temps. — *1er temps :* lever le bras au-dessus et le plus possible en arrière de la tête. — *2e temps :* abaisser le bras pour revenir à la position. — *3e temps :* sans déplacer le bras, tourner la paume en dessus (supination). — *4e temps :* sans déplacer le bras, tourner le poignet paume en dessous (pronation).

Remarque. — Les mouvements du membre supérieur doivent être exécutés, le membre malade ou blessé étant à nu, travaillant seul et supportant une charge de plus en plus considérable (au moyen d'haltères), tout en restant proportionnelle à la force du sujet. Les mouvements doivent être exécutés lentement et complètement avec des intervalles de repos. Le nombre de répétitions devra être progressivement élevé jusqu'à 30.

Ces mouvements peuvent être utilisés dans les cas d'insuffisance très accentuée des nombres supérieurs et sont alors exécutés par les deux membres également.

2o Mouvements du membre inférieur (muscles et articulations.)

EXERCICE 1.

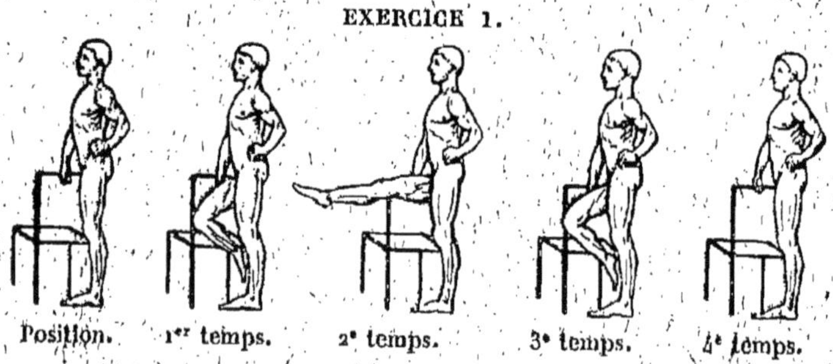
Position. 1er temps. 2e temps. 3e temps. 4e temps.

Position. — Les jambes jointes et tendues, le corps droit, une main à la hanche, l'autre appuyée à un dossier de chaise ou à la muraille.

Exécution. — 4 temps. — *1er temps :* fléchir la jambe sur la cuisse en la croisant devant la jambe d'appui de façon a amener le talon au-dessus et à l'extérieur du genou. — *2e temps :* élever le genou en étendant la jambe le plus haut possible en avant. — *3e temps :* revenir en fléchissant la jambe à la position du 1er temps. — *4e temps :* abaisser la jambe et revenir à la position du départ.

EXERCICE 2.

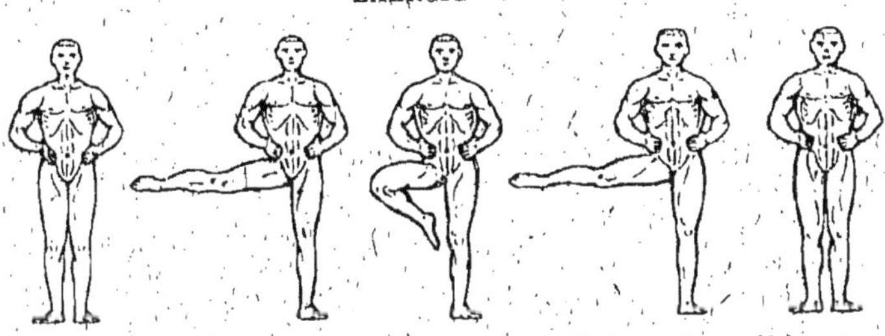

Position. 1er temps. 2e temps. 3e temps. 4e temps.

Position. — Jambes jointes et tendues, corps droit, une main à la hanche, l'autre appuyée à un dossier de chaise ou à un mur.

Exécution. — 4 temps. — *1er temps :* lever latéralement et le plus haut possible la jambe tendue en évitant de fléchir le buste du côté opposé. — *2e temps :* sans abaisser le genou, fléchir la jambe sur la cuisse. — *3e temps :* étendre la jambe de façon à revenir à la position du 1er temps. — *4e temps :* abaisser la jambe et revenir à la position de départ.

EXERCICE 3.

Position. 1er temps. 2e temps. 3e temps. 4e temps.

Position. — Jambes jointes et tendues, corps droit, mains aux hanches, coudes en arrière.

Exécution. — 4 temps. — *1er temps :* lever jambe droite tendue le plus haut possible en arrière en inclinant le buste en avant, en cambrant les reins. — *2e temps ;* immobiliser le genou et fléchir la jambe sur la cuisse. — *3e temps :* sans abaisser le genou étendre la jambe sur la cuisse le plus haut possible. — *4ᵉ temps :* revenir à la position de départ.

EXERCICE 4.

Position. — Les mains à la nuque, corps droit, en appui sur la jambe à rééduquer, le pied opposé en appui surélevé au moyen d'un banc ou de tout autre siège.

Exécution. — 4 temps. — *1ᵉʳ temps :* s'élever sur la pointe du pied, pivoter sur cette pointe et poser le talon le plus possible en dehors. — *2ᵉ temps :* lever la pointe du pied, pivoter sur le talon et porter la pointe du pied le plus possible en dehors. — *3ᵉ et 4ᵉ temps :* reprendre le 1ᵉʳ et 2ᵉ temps. Pour le retour, opérer de même en 4 temps, en sens inverse.

Nota. — Les exercices de cette progression doivent être exécutés un nombre égal de fois (de 5 à 15 fois) sur chaque jambe, la jambe malade ou blessée exécutant alternativement les mouvements ou servant de jambe d'appui et fournissant pour assurer la stabilité, un travail très favorable à la rééducation à la station debout.

3° Mouvements de gymnastique respiratoire.

Cette gymnastique comprendra des exercices en position couchée, puis debout, indépendamment des exercices respiratoires introduits au cours des leçons d'éducation physique.

La gymnastique respiratoire proprement dite est destinée aux hommes présentant de l'ignorance ou de l'insuffisance respiratoire, par suite de malformations thoraciques, ou d'affections pleuro-pulmonaires, l'amélioration de la fonction respiratoire chez les autres insuffisants sera faite surtout par les exercices de course et de saut des leçons d'éducation physique.

La gymnastique respiratoire couchée se fera sur une table étroite ou sur un banc, permettant le jeu libre des épaules, dans un rythme très lent, descendant de 14 à 8 respirations par minute.

L'inspiration se fera par l'expansion du thorax avec élévation des bras.

L'expiration par la rétraction du thorax et l'abaissement des bras, avec flexion du tronc sur le bassin.

Les exercices du paragraphe III, mouvements du tronc et ceux qui sont exécutés au moyen de certains appareils, et notamment du «Canet» décrit plus loin, préparent aux mouvements de gymnastique respiratoire par la contraction des muscles thoraciques, dorsaux, lombaires et abdominaux.

La gymnastique respiratoire en position debout, vient compléter la gymnastique en position couchée. Elle comprend les assouplissements de la cage thoracique et les exercices respiratoires ordinaires dont il a été parlé au tableau des éléments (A, Mise en train, § 7).

B. Appareils de restauration fonctionnelle.

I. *Appareils de restauration générale.* — Ce sont des appareils à contrepoids, destinés à remplacer l'exercice et servant au développement de tout un groupe de muscles et à l'assouplissement de plusieurs articulations.

II. *Appareils de restauration particulière.* — Ce sont de petits appareils simples, servant au développement d'un muscle ou groupe de muscles et à l'assouplissement d'une articulation déterminée.

Nota. — Tous ces appareils de restauration fonctionnelle font travailler le membre sous l'impulsion de la volonté; ils peuvent être facilement construits, avec des moyens de fortune.

I. — Appareils de restauration générale.

Figures 1 et 2. — Appareils de traction et opposition à contrepoids.

Se composent d'une potence à crochets supérieurs ou infé-

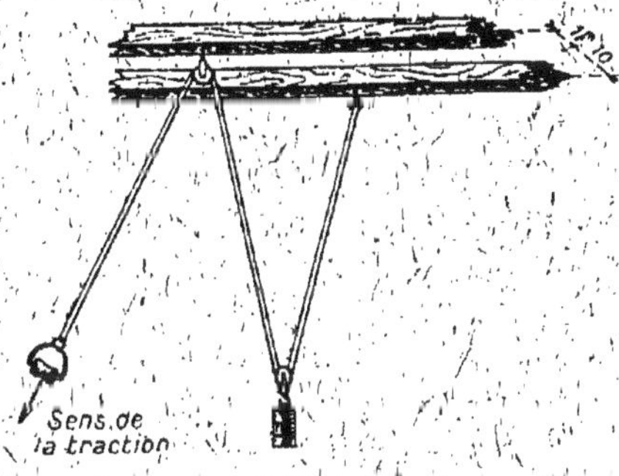

Fig. 1.

rieurs avec poulies de réflexion sur lesquelles glisse une corde supportant un contrepoids et actionnée par l'intermédiaire d'une poignée pour la main, d'une courroie ou d'un étrier pour le pied, ou d'une courroie pour le tronc et la nuque.

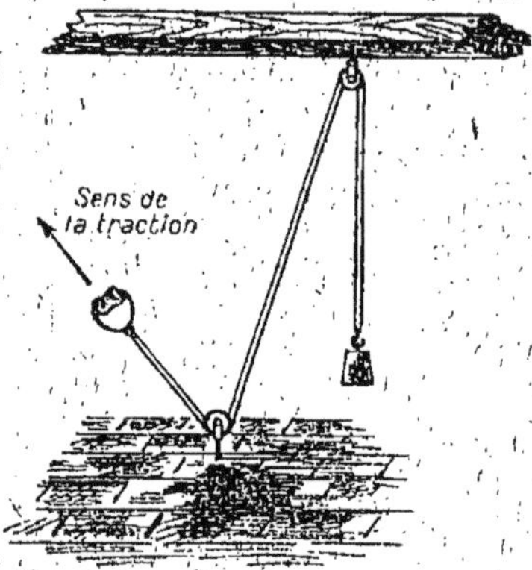

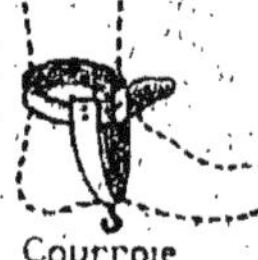

Fig. 2.

ACTION I.

Poulie fixe supérieure. Traction verticale de haut en bas.

Dos à l'appareil :

Extension en puissance........	avant-bras et membre inférieur.
Flexion en résistance..........	

Latéralement à l'appareil :

Adduction en puissance........	membre supérieur et membre inférieur.
Adduction en résistance........	

Dos à l'appareil : Flexion active de la nuque et du tronc.
Face à l'appareil : Extension active de la nuque et du tronc.

ACTION II.

Poulie fixe inférieure. Traction verticale de bas en haut.

Face à l'appareil :

Flexion en puissance..........	avant-bras et membre inférieur.
Extension en résistance........	

Latéralement à l'appareil :

Adduction en puissance........	membre supérieur et membre inférieur.
Adduction en résistance........	

Figure 3. — Augmentation de la puissance d'extension de l'avant-bras par le déplacement du point d'appui porté sur une poulie moyenne, dos à l'appareil; augmentation de la puissance de flexion, face à l'appareil.

Figure 4. — Canot. — Se compose : 1° d'un siège roulant sur une glissière. Les pieds sont fixés par une courroie sur une planchette située à l'extrémité avant de l'appareil, du modèle 1 *bis*. Des élastiques de forces variables font résistance

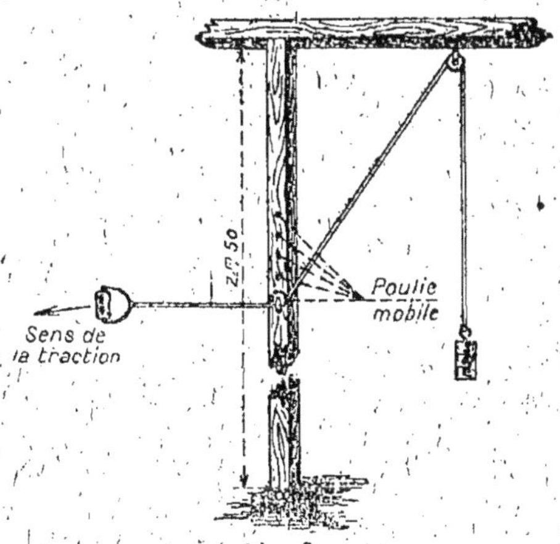

Fig. 3.

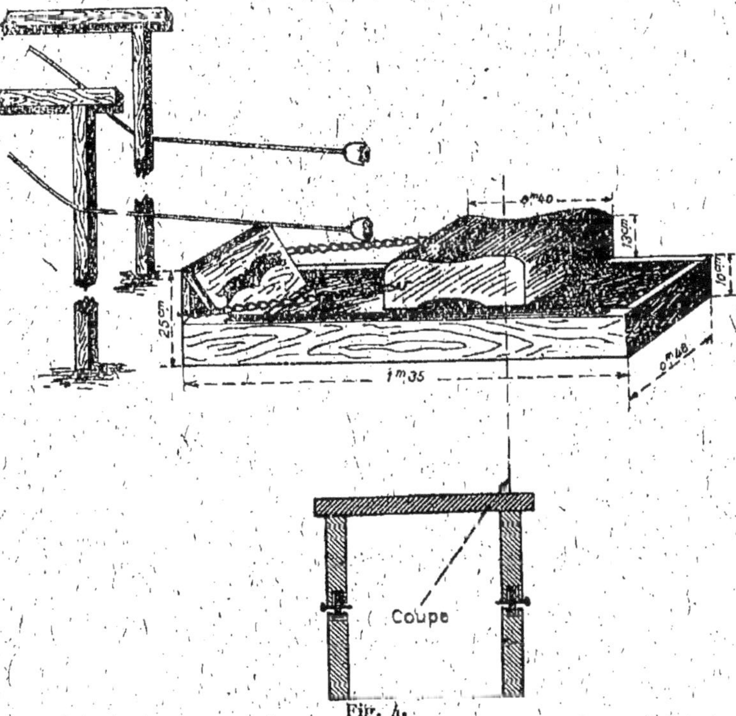

Fig. 4.

à la traction; 2° des appareils à contrepoids au nombre de deux avec poignées pour les mains.

Ce canot, qui demande un travail de tout le système musculaire, est l'appareil de développement général par excellence.

ACTION.

Extension active du membre inférieur.

Écartement latéral ou élévation actifs des bras avec inspiration et fixation des épaules en arrière.

Expansion active du thorax.

Extension active du tronc et de la nuque.

AU RETOUR :

Mouvements inverses passifs.

Nota. — Pour le membre supérieur, il y a lieu si l'on veut faire exécuter un mouvement par l'avant-bras seul, en évitant

Fig. 5.

des mouvements de compensation par l'épaule, de fixer les bras sur une chaise spéciale (figure 5).

II. — Appareils de restauration particulière.

1º Membre supérieur :

Figure 6. — Pinces en métal avec ressorts gradués pour le travail des fléchisseurs des doigts et des muscles de la main par un mouvement de flexion et d'opposition du pouce et des autres doigts.

Figure 7. — Pince à extension.

Figure 8. — Planchette de 3 centimètres d'épaisseur sur 15 centimètres de longueur et 25 centimètres de hauteur

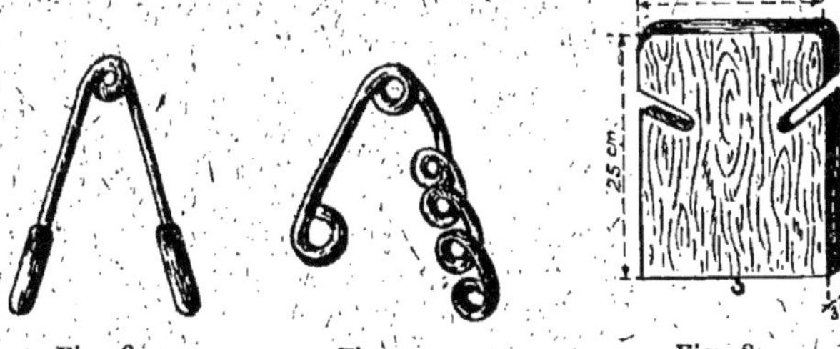

Fig. 6. Fig. 7. Fig. 8.

avec crochet au centre de gravité de sa base pour addition d'un poids variable. Sert au travail alternatif des mêmes muscles que ci-dessus, par flexion et opposition successive du pouce à chacun des autres doigts.

Figure 9. — Bouteille. Bâton de 6 centimètres de diamètre et 40 centimètres de longueur avec encoches pour le pouce;

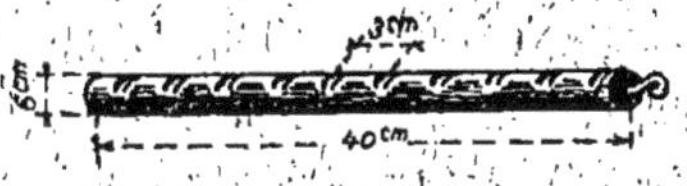

Fig. 9.

sert au travail en force et en souplesse des mêmes muscles, par montée et descente alternative à l'aide des extrémités digitales (on peut augmenter la difficulté par addition de poids).

Figure 10. — Queue de billard. — Bâton de 1 m. 50 de longueur et 3 à 4 centimètres de diamètre, avec curseur augmentant la résistance. Le bâton étant tenu à pleine main par l'une des extrémités, on exécute les mouvements de pronation et de supination du poignet.

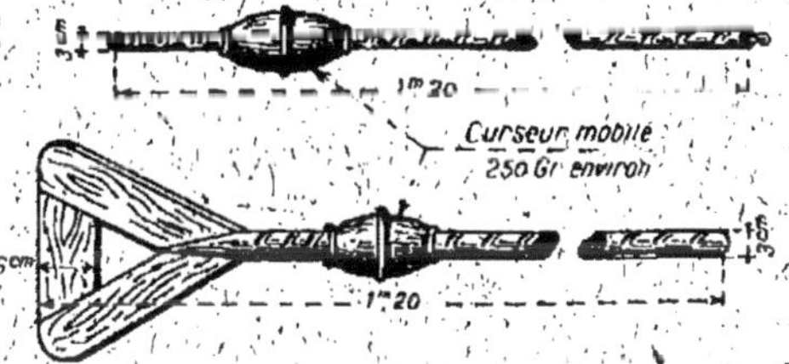

Fig. 10 et 11.

Figure 11. — Dossier de chaise. — Bâton à curseur terminé par une poignée triangulaire à large prise; sert aux mouvements de flexion et d'extension du poignet.

L'extension est active ou passive suivant que le dos de la main regarde en haut ou en bas et inversement pour la flexion.

Figure 12. — Treuil. — Série de rouleaux de diamètres différents tournant autour de leur axe horizontal ; ils supportent

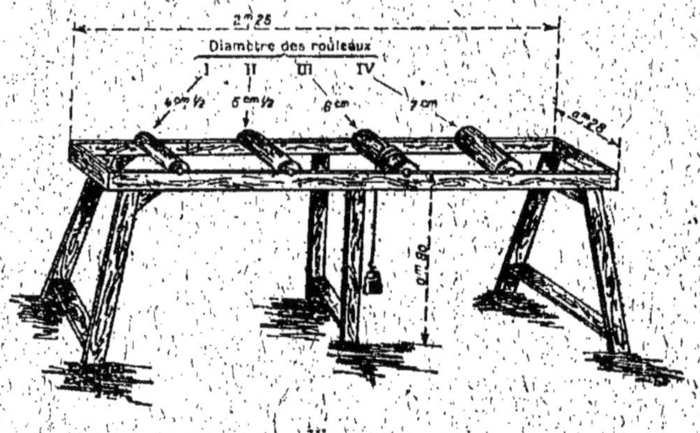

Fig. 12.

une corde avec contrepoids, laquelle peut s'enrouler sur ce treuil. On saisit le rouleau entre les extrémités digitales.

Mouvement. — Le poignet et les doigts étant fléchis, extension des doigts et du poignet pour remonter la corde. Fléchir en déplaçant les doigts par glissement et recommencer le mouvement actif.

2° Membre inférieur.

Figure 13. — Plan incliné. — Double plan ayant 4 m. 60 de longueur et 70 centimètres de hauteur ; sert à l'assouplissement des articulations du membre inférieur par montée et descente alternative (une main courante, fixée au mur, sert d'appui).

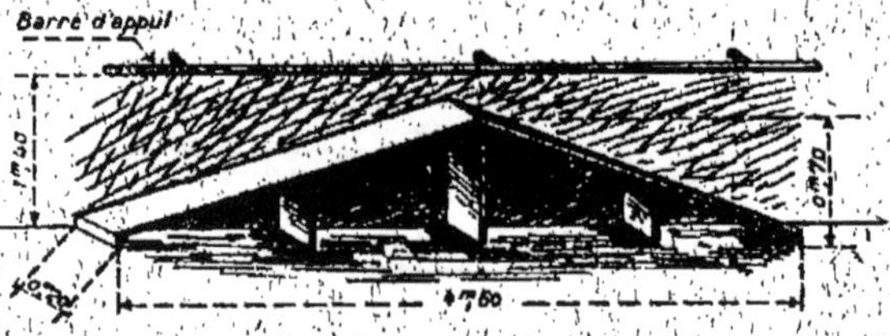

Fig. 13.

Figure 14. — Planche à flexion et à biseau. — Une planche horizontale, surélevée par deux autres planches placées obliquement.

Deux usages : 1° Le talon fixé sur la planche plane, par un fer à cheval l'emboîtant, et le pied attaché par une courroie

Fig. 14.

on fait des mouvements de flexion du membre inférieur le talon demeurant fixé.

2° En marchant sur les planches en biseau, on corrige les positions vicieuses du pied en dehors ou en dedans.

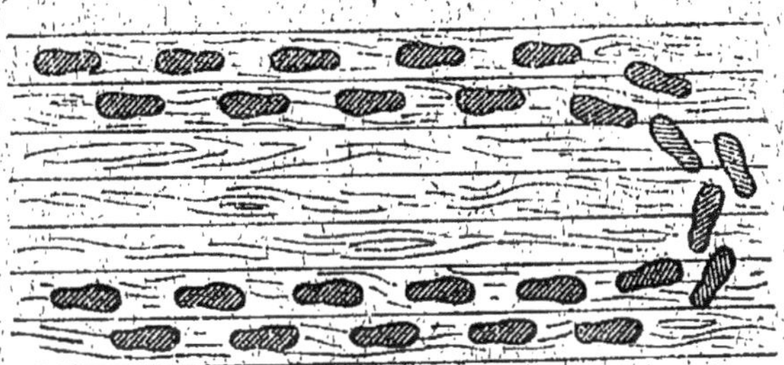

Fig. 15.

Figure 15. — Empreintes. — Tracé d'empreintes d'un *pas court* obligeant à exercer la volonté par une marche correcte. (Récupération des attitudes vicieuses du pied.)

3° Correction des déformations du tronc.

Figure 16. — Échelle avec planche dorsale (correction des différentes déviations).

Suspension du corps à l'aide des membres supérieurs, le dos placé sur la planche médiane, flexion antérieure ou latérale et extension du tronc à l'aide des membres supérieurs et inférieurs fixés à hauteur convenable aux barreaux de l'échelle.

Figure 17. — Cadre oblique ou avec supports (correction des cyphoses).

Suspension au moyen de la barre mobile supérieure, placée à hauteur variable selon la longueur des membres supérieurs.

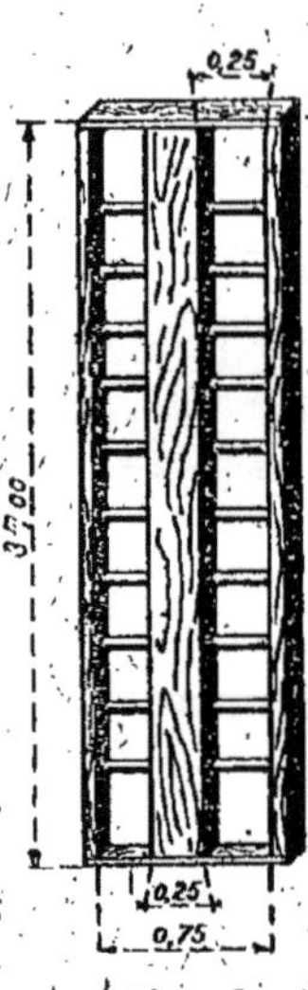

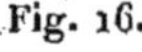
Fig. 16.

Fig. 17.

Le coussin mobile est placé au niveau du sommet de la courbure.

Figure 18. — Table latérale avec supports (correction des scolioses). Table de Redard.

Le sujet s'étend sur un côté de manière que la convexité

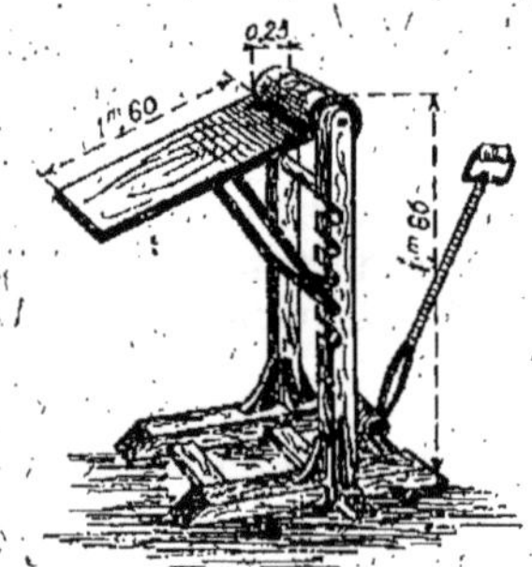

Fig. 18.

de la courbure soit placée sur le coussin; il saisit d'une main une des barres inférieures et de l'autre, placée au-dessus de la tête, la poignée mobile.

MODÈLE

DES INSCRIPTIONS

À PORTER

SUR LE REGISTRE D'INCORPORATION

À L'USAGE DES CENTRES DE RÉÉDUCATION

N° Mle Nom :
Prénoms : Profession :
Né le canton de
Département :

SUBDIVISION de RECRUTEMENT.	TITRE sous lequel IL SERT.	DATE DU DÉBUT du service.	SERVICE ARMÉ ou auxiliaire.	AJOURNEMENTS OU RÉFORMES TEMPORAIRES antérieurs.
		Classe (X).		

CORPS dans lesquels IL A SERVI.	DATE DE L'ARRIVÉE au centre.	CHANGEMENTS DE CATÉGORIE ET DATES.		
	Le Catégorie »	Le Catégorie »	Le Catégorie »	Le Catégorie »

	À L'INCORPORATION.	À L'ARRIVÉE. DATES.		AU DÉPART.	
Taille...					
Périmètre thoracique. { Inspir. / Expir.		élasticité * thoraciq.	Mensurations intéressantes à noter au cours de la rééducation.	élasticité * thoraciq.	Inspir. / Expir.
Poids ...					

Périmètre abdominal :
Observations générales :
Autres mensurations (membres atteints pour les catégories 1) à l'arrivée et au départ :
Antécédents pathologiques héréditaires et personnels :
Défectuosités congénitales ou acquises :

Acuité visuelle et autres observations sur l'appareil de la vision.

Sans correction : O. D. : O. G. :
Après correction : O. D. : avec verres de : O. G. :
avec verres de :

Audition : Denture :

Vaccinations antivarioliques pratiquées au corps.
(Abréviations : + succès, − insuccès.)

Autres vaccinations :
Objets délivrés et date (appareils de prothèse, etc.) :
Radiation (mode, date) le *ou* hôpital, *ou* démobilisé depuis plus d'un mois, *ou* libéré.

MALADIES OU ACCIDENTS
OBSERVÉS PENDANT LA DURÉE DU SÉJOUR AU CENTRE.

Dates.	Causes des indisponibilités, des congés et permissions à titre de convalescence ou pour maladie (infirmerie ou hôpital); envoi aux eaux minérales, bains de mer; certificats d'origine, procès-verbal d'enquête, résultats des présentations aux Commissions spéciales de réforme, changements d'armes.	Durée. Congé.	Hôpital.	Infirmerie.
	A. — A l'arrivée au centre. Classé dans la catégorie » Motif et observations du médecin. Indications du médecin : Appareils de restauration fonctionnelle. Mouvements de progression individuelle. Ménagements (exercice ou course).			
	B. — Pendant le séjour au centre. Renseignements dans l'ordre chronologique. Noter les changements de catégories, les indisponibilités importantes, les séjours à l'infirmerie et à l'hôpital, les consultations et examens des spécialistes et tous renseignements utiles.			
	C. — Au départ du centre. Apte à l'entraînement normal, avec observations s'il y a lieu. *ou* rejoint son corps pour être présenté devant une Commission de réforme. R. D., R. T., S. X., changements d'armes, etc., *ou* rayé des contrôles (hospitalisé depuis plus d'un mois *ou* démobilisé, libéré, etc.), avec observations s'il y a lieu.			

• RÉGION.

Centre de rééducation
physique et militaire
de

FICHE INDIVIDUELLE DE RÉÉDUCATION.

Nom, prénoms et renseignements militaires :

Date d'arrivée et classement initial :

Classements successifs :

Nature de la blessure ou de la maladie :

MENSURATIONS.

	Le	Le	Le	Le	Le	Le	Le	Le	Le	Le	Le	Le	Le
Bras droit													
Bras gauche													
Avant-bras droit													
Avant-bras gauche													
Cuisse droite													
Cuisse gauche													
Jambe droite													
Jambe gauche													
Périmètre abdominal													
Dynamomètre – main droite													
Dynamomètre – main gauche													
Poids													
Taille													
Périmètre thoracique													
Périmètre thoracique													
Capacité respiratoire													

Aptitude à la marche :

INDISPONIBILITÉS POUR CAUSE DE MALADIES.

OBSERVATIONS PARTICULIÈRES

POUR LA CONDUITE DE LA RÉÉDUCATION

Apte au réentraînement le
ou Proposé pour être présenté le } (1)
ou Rayé des contrôles du Centre le
(Motif :)

Le Médecin du Centre de rééducation,

(1) Rayer les indications inutiles.

TABLE DES MATIÈRES.

IMPRIMERIE NATIONALE. — 2574-038-1922.

www.ingramcontent.com/pod-product-compliance
Ingram Content Group UK Ltd.
Pitfield, Milton Keynes, MK11 3LW, UK
UKHW022143170726
13837UKWH00004B/1741